The Analects of Confucius

自分に負けない心をつくる

超訳 論語 202

SHOICHIRO ABE
阿部 正一郎

SOGO HOREI PUBLISHING CO., LTD

まえがき

結局、自分が戦わなければならない相手は、いつも自分である。
迷ったとき、流されそうになってしまったとき、
なにが「正しい」のかわからなくなってしまったとき、
ぜひ、『論語』をひもといてみて欲しい。
そこに、ひとつの答えがあるから。

論語は、約2500年前の、孔子とその弟子たちの言葉をまとめたものである。
生まれた場所は中国である。
しかし、中国では、その教えは官僚の登用試験である科挙の科目として、

その注釈書などを含め、形式的なものとなり、一般大衆のために発展することはなかった。

ところが不思議なのは日本である。

論語が伝わったのは古いが、より一般化したのは江戸時代である。

この江戸時代に、今の日本人の精神的基盤となる〝武士道〟が徐々に完成していくことになるが、この武士道は常に武士だけの精神ではなく、寺小屋教育などを通して、日本人全体のものとして浸透していった。

その典型が論語を子どものときから暗誦させる素読である。

するとどうなるか。

論語の教えは、日本人一人ひとりの血肉となり、一人ひとりの論語ができていくのである。

最初は論語の伝統的な解釈を先生に教わり、その後、人生経験を積んでいくうちに、自分なりの論語というものができていく。

福沢諭吉、西郷隆盛、渋沢栄一、新渡戸稲造などの文章を読むと、それぞれに自分の論語ができあがっているのに驚く。

それだけ論語が日本人の心、精神に合っていたということだろう。

このあたりのことを新渡戸稲造は、その代表的著書『武士道』の中で次のように述べている。

「厳密に見てみると、道徳的な教養は、孔子の教えが武士道におけるもっとも豊かな源泉であったといえる。

君臣、親子、夫婦、長幼そして朋友のいわゆる五倫の道は、孔子の教えが日本に入ってくる前から、わが民族的本能は認めていた。

孔子の教えは、そのことを確認させたものにすぎなかった」

我々日本人が論語の言葉を、違和感を覚えることなく受け入れられることは、まさに新渡戸の分析が正しいことを証明するものといえよう。

かえって中国人は、日本に来て初めて、論語の意味を理解できるのである。

それは、日本人の性質、精神を理解することによって、論語とは、どういうことを教えているのかがやっとわかるからである。

たとえば、孔子は「信」ということを社会の基本とする。軍事や経済（食べること）よりも、人々の「信」つまり信頼、まごころを大切にする心、誠実がなければ、この世に生きている価値などないとする。

今、世界を見渡してみても、日本ほど、この「信」を大切にする国民そして社会はない。

だから、信用されるし、作る製品も、ビジネス取引も誠実に遂行されていく。

だまされることは、一時的にあるだろう。

しかし、結局、この「信」ある国民の経済が発展することになるし、世界はこれを頼りとするのである。

本書は、そうした日本人の強さの拠りどころを若い人たちにもう一度よく確認してもらい、未来を明るいものにしてもらうために書いたものである。

本書においては、論語の正統的解釈を、原文の雰囲気を損なうことなく、できるかぎりのわかりやすさで日本語としてみた。

〝超訳〟とは、その意を含んでいることをお断りしておきたい。

人生というのは、自分の一部である心の弱さに打ち克つことで決まる面がある。

先に挙げた、福沢諭吉、西郷隆盛、渋沢栄一、新渡戸稲造や吉田松陰、佐藤一斎などは、この〝自分に負けない心〟を論語によって鍛え抜いたため、不敵な行動がとれ、志が実現できたのである。

武士道はこの「克己＝自分に負けない心」を教えの中核の一つとした。

そのために、論語を日々暗誦し、自分を鍛えたのである。

論語においては、この〝自分に負けない心〟を持つ人を君子と呼び、自分の心、目先の欲に負ける人のことを小人としている。そして、君子を目指すための具体的な内容を豊富な言葉で紹介している。

本書では、そのうちから重要なものをほとんど選んでみた。その数202である。

是非、この202を読んで、自分に負けない心をつくっていってほしい。

本書をくり返し読んでいるうちに、いつのまにか、自分の論語ができあがり、自分なりの解釈もできてくるだろう。

そうなると、もうしめたものである。

論語が、人生の伴侶、指針として強い味方になってくれることになろう。

阿部正一郎

1　心が定まる志を立てる

012 中庸の徳 35
013 天を信じる 36
014 士の道 37
015 天への信頼 38
016 世に出る 39
017 本物の志は奪われない 40
018 本当の思い 41
019 君子の役割 42
020 命を懸けて道を守る 43
021 三つの戒め 44

2 心の目を養う勉強とは

022 切磋琢磨《せっさたくま》 46
023 柔軟 47

024 教わりかつ考える …… 48
025 本筋 …… 49
026 知るということ …… 50
027 いつも徳を修めることを思う …… 51
028 立派な器から立派な人へ …… 52
029 勉強、修業と仕事 …… 53
030 剛者 …… 54
031 中味と外見のバランス …… 55
032 知識と実践のバランス …… 56
033 よく学び、よく遊ぶ …… 57
034 発憤と啓発 …… 58
035 人や書物から学ぶ …… 59
036 晝《ちゅう》夜を舎《お》かず …… 60
037 君子と仁 …… 61
038 名馬と呼ばれる訳 …… 62

039 自分の目 …… 63
040 才能に差はない …… 64

3 心を磨く学問をする

041 反省 …… 66
042 礼儀 …… 67
043 ぜいたく …… 68
044 見かけと実際 …… 69
045 歴史 …… 70
046 社会の木鐸《ぼくたく》 …… 71
047 こだわらない …… 72
048 一つひとつ学ぶ …… 73
049 目下の者にも学ぶ …… 74
050 学問好き …… 75

051 私という人間 …… 76
052 私は努力の人 …… 77
053 四つの教え …… 78
054 狂狷《きょうけん》 …… 79
055 賢い人 …… 80
056 過ちとは何か …… 81
057 わかりやすくする …… 82

4 目先の利益に惑わない心をつくる

058 約束した言葉 …… 84
059 まずは人を評価する …… 85
060 規則と道徳 …… 86
061 勇気 …… 87
062 分を越えてはいけない …… 88

063 目先の利益に惑わない……89
064 真、善、美……90
065 国、地域が君子を育てる……91
066 世の中には優れた人がいる……92
067 愚か者のごとく……93
068 過ちを心から反省する……94
069 自然の人情……95
070 天が見ている……96
071 仁は近くにある……97
072 人生観……98
073 徳を好む人、色を好む人……99
074 考えるべき順番……100
075 政治とは……101
076 言葉……102
077 言忠信《げんちゅうしん》、行篤敬《ぎょうとくけい》……103

078 九つの思慮 …… 104
079 義と勇 …… 105

5 困難に立ち向かう心をつくる

080 忠恕《ちゅうじょ》 …… 108
081 義と利 …… 109
082 人を見て自分を正す …… 110
083 軽々しい言葉を恥じる …… 111
084 節約する人 …… 112
085 蛮勇《ばんゆう》は危険 …… 113
086 わが道 …… 114
087 正直者か、気づかい者か …… 115
088 孔子の志 …… 116
089 生まれ …… 117

090 病 118
091 どんな境遇でも楽しんで学ぶ 119
092 知者と仁者 120
093 知者と仁者2 121
094 戒め 122
095 病気のとき 123
096 すべては自分の問題 124
097 困難なとき人の真価が問われる 125
098 見た目も大事である 126
099 徳のある者の言葉は必ずよい 127
100 貧しい暮らしの人が注意すること 128
101 困窮したとき 129
102 先まで見通す 130
103 名を知られること 131
104 道楽 132

6 心を込めて仕事をする

105 まずは仕事をきちんとやる …… 134
106 まず行動 …… 135
107 新人社員の心得 …… 136
108 信用 …… 137
109 わかっていても確認する …… 138
110 権力者に媚びるな …… 139
111 二度考える …… 140
112 義を通す …… 141
113 謙譲の人 …… 142
114 仕事は楽しむのが一番 …… 143
115 辞めたら口を出さない …… 144
116 利益を追うこと …… 145
117 多能 …… 146

118 憂《うれ》えず懼《おそ》れず …… 147
119 小さな利益に惑わされない …… 148
120 君子はいばらない …… 149
121 責任を自らに問う …… 150
122 小さな仕事、大きな仕事 …… 151
123 大徳と小徳 …… 152

7 人の心がわかる人になる

124 リーダー …… 154
125 人の師になる者の資格 …… 155
126 よいリーダーを置く …… 156
127 トップ自ら実践せよ …… 157
128 上下の一体感 …… 158
129 まず自分の力をつける …… 159

130 報酬にこだわりすぎない……160
131 人材を使えるか……161
132 よき部下……162
133 相手のレベルに応じた教え……163
134 持てるものは全部出す……164
135 ケチは最低……165
136 すべて出し切る……166
137 正しい忠告に対しては本当に改める……167
138 知者は惑わず……168
139 人情がわかる人……169
140 明(明察)……170
141 君子の徳は風……171
142 自らの行い(リーダーの心得)……172
143 君子のもとでは働きやすい……173

8　人に学ぶ心を持つ

144　ためになる友人、害をこうむる友人……176
145　口がうまい人は心がない……177
146　人とのつき合い方……178
147　人物鑑定法……179
148　よく人を見抜く……180
149　仁をいつも忘れない……181
150　注意の仕方……182
151　人とのつき合い方……183
152　恥……184
153　師はどこにでもいる……185
154　のびのび……186
155　畏友……187
156　共に学んだとしても……188

157 過ぎたるはなお及ばざるがごとし……189
158 意見だけではわからない……190
159 己の欲せざる所……191
160 人の美点を認める……192
161 友とのつき合い方……193
162 仁を輔《たす》く……194
163 本音を語るとき……195
164 誇り……196
165 道がちがうと話が通じない……197

9 心を込めて人と接する

166 親思いの人が信用される……200
167 礼……201
168 健康が第一……202

169 心を込めて親と接する……203
170 表情にも気をつかう……204
171 父母に心配かけない……205
172 父母の歳と誕生日……206
173 くつろぐ……207
174 皆、兄弟……208
175 正直者とは何か……209
176 どこでも通用する人……210
177 士の条件……211
178 わが子に苦労させよ……212
179 ブラブラ人間……213

10 徳のある心をつくる

180 広くつき合う……216

181 礼の本質……217
182 人と争わない……218
183 過ちでその人がわかる……219
184 恨みを買わないようにする……220
185 徳のある人は孤立しない……221
186 弁は立たなくてよい……222
187 仁者は知者よりもさらに上……223
188 大まかの意味……224
189 仁者はだまされない……225
190 恒心《こうしん》の人……226
191 ぜいたくと倹約……227
192 礼がないと危険……228
193 何ともしようがない人……229
194 四絶……230
195 最後までわからない……231

196 見ざる、聞かざる、言わざる……232
197 達人、有名人……233
198 群れない……234
199 よい人とは……235
200 うらみに報いるもの……236
201 女子と小人はつき合いがたし……237
202 天命、礼、言葉……238

1

THE ANALECTS OF CONFUCIUS

心が定まる志を立てる

001.

時を待つ

世の中に役立つ自分をつくろうとお互い勉強している友と
久しぶりに会って、勉強に関して語り合えるのは
すばらしいことだ。
そんな友が遠くから訪ねてきてくれて、
楽しい時を過ごせれば最高である。
勉強して力をつけても、すぐにわかってくれないのが世の中だ。
それでも時を待つ人が、君子(めざしたい人物)なのだ。

002.

人生航路

私は15歳でやっと学問を志し、30歳で一人前になった。
40歳になってあれこれ生き方に迷うことはなくなり、
50歳でやるべき自分の天命を知った。
60歳で人の話を素直に聞いてあげるようになり、
70歳になってようやく何をやっても
道を外すようなことはなくなった。

003.

邪念のない生き方

思無邪《しむじゃ》。

心の思いに邪念を持つな。

004.

愛のないものはすべてダメ

愛がないものはすべてにおいて中味がない。
愛、仁、まごころの伴わない礼儀や
音楽を考えてみればすぐわかるだろう。

005.

仁の里に住む

住む場所は重要である。
仁の徳（思いやりという最高の徳）のある人たちが多く集まると
ころに住むのが理想だが、
そうでなくてもわが心を仁とし、
自分から始めて仁の徳のある人の多いところにしたいものだ。

006.

楽しく暮らす

仁の徳つまり他者への思いやりのない者は、
私欲でいっぱいなため、平和で楽しい生活は営めないだろう。
これに対し、仁の徳のある者は、
いつも安心して楽しく暮らすし、
仁の徳をめざす知者も、それに近づけていくだろう。

007.

正しい目標

人は、仁の徳（思いやりという最高の徳）を
身につけようと真剣に志せば、
人生すべてにおいて、悪くなることなどなくなる。

008.

朝《あした》に道を聞く（覚悟）

朝に、人が生きていくうえでの正しい道がわかったら、
たとえ夕方に死んだとしても思い残すことはない。

009.

悪衣悪食

正しい道を志した者が、
悪衣悪食（粗末な衣服と食事）を恥じるようでは、
同志とはいえない。

010.

あきらめない

本当に力のない者は途中で力尽きて終りになってしまう。
しかし、多くの者は、本当に力がないわけではなく、
力尽きたわけでもないのに、
自ら自分の力を見限ってしまいやめてしまう。
どこまでも自分の力を信じて進んでみるべきだ。

011.

大きな志

人生まず志だ。
大きな志を持ち、世の中のためになる本物の人物をめざせ。
名前や利益を追う小さな人間になるようでは情けない。

012.

中庸の徳

過ぎることもなく、
及ばないこともなく、
どちらにもかたよらず、
いつまでも変わらないという中庸の徳は、
至上、至極のものである。

013.

天を信じる

天から仁義道徳の道をもって
天下のために生きる使命を授かっている私である。
小悪人ごときに、私をどうすることができようか。
天はそんなことを許すわけがない。

014.

士の道

士、すなわち仁の道を志す者は
広く包容する力と強い意志を持たなくてはならない。
その道は、はるかに遠いからである。
すなわち、仁の修得と実践の任務である。
何と重いことだろうか。
この重い任務は死ぬまでつづくのである。
何と遠い道であろうか。

015.

天への信頼

天が文化の伝統を滅亡させるつもりなら、
この私に文化の伝統をここまで学び得させなかったであろう。
そして天がこの文化を滅ぼさないつもりなら、
たとえ人ちがいで命を狙われても、
私は殺されるはずがないだろう。
私は天を信じている。

016.

世に出る

勉強し、力をつけているのは何のためか。
世の中の役に立つためではないか。
よいチャンスをつかんで世に出ようではないか。

017.

本物の志は奪われない

たとえ大軍の将といえども奪おうと思えば
奪うことができるだろう。
しかし、たとえ一人であっても自分がこうだと決めた志は、
これを奪うことはできない。
もし奪われるようではそれは志と言えるものではない。

018.

本当の思い

「すもの花がヒラヒラとゆれている。
それを見てあなたを恋しいと思うけれど、あまりに遠すぎて」
という古い詩がある。
しかし、それはまだ本当の思いではない。
本当の思いがあれば、遠いなんてことはどうにでもなるものだ。
思いさえあれば何でもできるのだ。

019.

君子の役割

君子（めざしたい人物）は、自分の修養につとめ、
自分を慎んで怠らないようにする人である。
そしてこの自分が修養し向上していくことで
まわりの人たちをよくしていくのが君子であるが、
このように自分の修養による向上で
人々を幸福にしていくことは
※堯《ぎょう》、舜《しゅん》の聖人でさえ苦心したものである。
簡単なものではない。

※堯、舜――中国、古代の伝説上の帝王、尭と舜。徳をもって天下を治めた理想的な帝王とされる。

020.

命を懸けて道を守る

志士、すなわち徳を修めようと志す人や仁人、
すなわちすでに仁の徳を修めた人は、
命が惜しいと言って仁の徳に背くようなことはしない。
むしろ自分の身を犠牲にしても道を守ろうとするところがある。

021.

三つの戒め

君子（めざしたい人物）たらんとする者に三つの戒めがある。
青年期は、血気が定まらないために情が激しくなりやすくなる。
だから男女関係に注意する必要がある。
壮年期は血気が強く盛んである。
そのためにいたずらに他と争い、
闘うことを戒めなければならない。
老年期になると血気すでに衰えてしまう。
よって財欲のみが強くなってしまうことを
戒めなければならない。

2

THE ANALECTS OF CONFUCIUS

心の目を養う勉強とは

022.

切《せっ》磋《さ》琢《たく》磨《ま》

たとえ貧乏であろうが、
あるいはお金持ちになろうが、
そんなこと関係なしに、自分の正しい生き方を求めて、
それを進んでいくことを楽しみたいものだ。
これこそが、〝切磋琢磨（骨や象牙や玉や石を磨く）〟
ということだ。

023.

柔軟

君子（めざしたい人物）は、器のようではいけない。
心広く、柔軟な人格とならなくてはいけない。

024.

教わりかつ考える

教わるばかりで自分で考えることをしない者は力がつかない。
自分で考えるばかりで教わることをしない者は、
独善に走り危険このうえない。

025.

本筋

本筋をはなれ、目新しいこと、
偏ったことを学ぶのは弊害があるのみだ。

026.

知るということ

知っていることを知っているとし、
知らないことを知らないとする。
これが知るということだ。

027.

いつも徳を修めることを思う

君子（めざしたい人物）は、
いかに徳を修めていくかを思うが、
小人（つまらない人物）は、
自分の土地などの自分の利益のことを思う。
君子はいつでも責任を取る覚悟で生きているが、
小人はいつも責任から逃げることを思っている。

028.

立派な器から立派な人へ

とても優秀な人の中には、立派な器のように、
固くて融通のきかない人がいる。
原理・原則を踏まえたうえでも、
時と場合によっては、その事案、
その人にもっとも合う解決策を考えるべきだ。
これが仁という徳の本来のあり方だ。

029.

勉強、修業と仕事

勉強、修業が途中あるいは不十分という自覚があるとき、
目の前によい就職先が出てきたときどうするか。
仕事に就いてもよいと思うが、
「まだまだ自分には勉強が足りない」と、
勉強、修業をつづける者は、さらによい。

030.

剛者

真の剛者はなかなか見ることはできないものだ。
というのも、どうしても人は自分に欲があり、
そのために真の剛者にまで至らないのだ。

031.

中味と外見のバランス

人の実質、中味が文化的な素養、素振りより
強すぎると野人だし、
素養、素振りが実質、中味より強すぎると
役所などで見かけることがある、融通のきかない人になる。
人の実質と素養、素振りが
見事にバランスがとれているのが
君子（めざしたい人物）だ。

032.

知識と実践のバランス

君子（めざしたい人物）は、
広く書物を読み、他者に学んで知識、学問を広め、
それを礼の実践で実生活上も整えていくようにすれば、
正しい道からはずれることはない。

033.

よく学び、よく遊ぶ

私は、（学問を修めていくという）正しい道を志し、
修めた徳をよりどころにし、
他人を思いやる仁の生き方を忘れずにしたうえで、
趣味、芸事を楽しみたい。

034.

発憤と啓発

学ぶのに発憤がない者は教え導くことができない。

言いたくてもうまく言えないで苦心する程度までにならないとはっきりと教えられない。

四隅の一つを教えたらあとの三つは自分で試してみるくらいでないと続けて教える気がしない。

学問や自己啓発には発憤が求められるということだ。

035.

人や書物から学ぶ

世の中には、学ぶことなしに自らできるようになる者もいるかもしれない。

しかし、私はそうではない。

たくさんの教えを聞いてまわり、その中から善いものを選んで学び、それにしたがうのである。

その次の方法は多くの書物やその他のことを見て、いいものを覚えておくようにする。

物知りとは言えないがその次ぐらいのものだろう。

036.

晝《ちゅう》夜を舍《お》かず

すべては、昼も夜も休みなく川の流れのように過ぎ去っていく。
その中にあって、われわれは、どう生きるのか。
いつも徳を修めつづけることに打ち込みたい。
それしか正しい生き方はない。

037.

君子と仁

君子（めざしたい人物）は、
時にめざしている最高の人格である仁の道に
はずれることはあるが、反省して正しい道に戻ってくる。
しかし、小人（つまらない小人物）は、
自分の目の前の利益にしか関心がないため、
時に仁に至ることなどありえないことだ。

038.

名馬と呼ばれる訳

名馬は、その脚力があるだけで誉められるのではなく、
その調教、学習によって得た
名馬としての徳を誉められるのである。
人も同じであろう。

039.

自分の目

大多数の人が悪く言っても、
必ず自分の目でよく調べなくてはならない。
大多数の人がよく言っても、
必ず自分の目で調べなくてはならない。

040.

才能に差はない

人は教育、学習によって差は出るが、
生まれつきにより差はない。

3

THE ANALECTS OF CONFUCIUS

心を磨く学問をする

041.

反省

一日に、三度くらい自分の行動を反省したいものである。
一、人のために動くとき誠意をつくしたか。
二、友人とのつき合いにおいて信義、まごころを欠いてないか。
三、よく学んでいないくせに知ったかぶりをしなかったか。
以上を毎日、反省したいものだ。

042.

礼儀

儀式や礼儀は、形よりも
和という心から尽くすということが大事だ。
ただ、親しき仲にも礼儀ありで、
やはり形を忘れてはならず、節度をもち、
礼儀を無視するようなことがあってはならない。

043.

ぜいたく

君子（めざしたい人物）は、
たとえ収入が増えようが、飽食したり
大きな家に住もうなどとは考えない。
いつでも言葉より行動が先で、
徳のある立派な人物に就いて、学ぶことを忘れない。
こういう人物をめざしたいものだ。

044.

見かけと実際

弟子の顔回は、
一日中話をしても「はい」「はい」というだけで
愚か者のようだが、
実際のその後を見ていると、私の教えたことをよく理解して、
それを発展させていっているのがよくわかる。
人は見かけだけではわからないことを教えてくれる。

045.

歴史

これから先をどう生きるべきかを考えるとき、
人は歴史を学ぶべきだ。
これまでの歴史を見れば、
人にとって何が大事かがほぼ見えてくるものだ。

046.

社会の木鐸《ぼくたく》

たとえ不遇の時代が長かろうと、
自分の正しいと思う生き方は変えまい。
必ず、自分のまわりから変わり始めるはずだ。

047.

こだわらない

君子（めざしたい人物）たる者は、
必ずこうするといって固執することなく、
また必ずこうしないといってこだわることもしない。
ただ、正しい道理を見つけ、
それにしたがうよう心がけるだけだ。

048.

一つひとつ学ぶ

不器用で愚直な人にぴったりの学び方として、
教えられたことを実行できない間は、
新しいことを学ばないというやり方もある。

049.

目下の者にも学ぶ

過去の人でほめ讃えられる人のあり方として、
利発な学問好きなのに、
どんな目下の者にも聞くなどして
学ぶことを恥じないというのがある。

050.

学問好き

誠実、まごころの人は、
大体どこにでも見ることができるが、
それに加え、
本当に世の中のためになる学問が好きな者は
めったにいない。

051.

私という人間

私という人間は、学問が好きで、
その情熱に燃えて、発憤すると食事も忘れ、学問を楽しんでは
心配事も忘れてしまう。
こうして生きてきて、
今そこに老いが近づいているのに気づかないでいる。

052.

私は努力の人

私は生まれながらに学問を知っていたわけではない。
ただ昔の聖人の学問を好み、
一生懸命にこれを求めた者にすぎない。

053.

四つの教え

孔子は特に四つのことを教えた。
文、すなわち道を説く学問の知識、
文によって学んだ徳の実践、
誠実な心の持ちよう、
他人を欺かないという信義についてである。

054.

狂狷《きょうけん》

私は中庸の道を行う理想の人と共に歩みたいが、
その中庸の人がなかなか得られないならば、
必ず狂者《きょうじゃ》と狷者《けんじゃ》を得て、これに道を教えたい。
狂者とは行いが伴わないところがあるが、
志がとても高く、
進んで善の道を行おうと思っている者のことだ。
狷者とは知識の及ばないところがあるが、
節度をかたく守り、人に迷惑をかけない者のことだ。
この二つのタイプの人間は教えがいがある。

055.

賢い人

騙されるのではないかと思いすごすこともなく、
また、人が自分を疑っているのではないかと
心配することもなく、
それでいながら、きちんと嘘が見抜けてしまう人が、
本当に賢いのである。

056.

過ちとは何か

過ちを犯して、その過ちに気づいたのに改めないのが、本当の過ちである。

057.

わかりやすくする

言葉や文章は意味がわかりやすく、
相手によく通じるのがよい。

4

THE ANALECTS OF CONFUCIUS

目先の利益に惑わない心をつくる

058.

約束した言葉

人と約束した言葉は、それが道理に合う正しいことであれば守ってきちんと実践すべきだ。

逆に道理に反するものだと気づいたなら、約束した相手にもきちんと言って止めるように努めなければならない。

059.

まずは人を評価する

他人が自分のことを
正しく評価してくれないことを嘆く前に、
他人を正しく評価せよ。

060.

規則と道徳

守るべきルールの基本は道徳によらなければならない。
法律、規則、命令だけに頼ってはいけない。

061.

勇気

人としてなさねばならない正しいことがわかっているのに、やらないのは勇気がないということだ。

062.

分を越えてはいけない

人として分を越えてはいけないことがある。
いくら名を成し、地位を得ようと、偉ぶって何でもできると思ったら大間違いだ。
分を越えるような者は、何をしでかすかわからない。

063.

目先の利益に惑わない

昔からの神を信じるより、
今権限を持つ地位ある者に媚びたほうがよいという
ことわざもある。
しかし、道理に反して天に罰を得れば、
どんな利益を得ようと意味のないことだ。

064.

真、善、美

政治も、音楽も、何事も、この世にいては
真、善、美をめざさなければならない。
すなわち真実、善いこと、美しいことだ。

065.

国、地域が君子を育てる

君子（めざしたい人物）というのは一人だけではなりにくい。
その国や地域の先達、先輩に多くいて、
それを見て学ぶところから君子となりやすいものだ。

066.

世の中には優れた人がいる

世の中には、信じられないくらい
才能に優れた後輩や同僚がいるものだ。
大切なのは、このことを素直に認め、
自分は自分なりの努力で力をつけていくようにすることだ。
そうしているうちに、力もつき、
見えてくるものもあるのではないだろうか。

067.

愚か者のごとく

国に道理が通っていれば、
知者として働き、国に道理が通らないような時は、
愚者のように動く。
愚者として動くが(愚直)、
これは単に責任逃れのためではない。
これはなかなかまねできることではない。

068.

過ちを心から反省する

自分の過ちに対して心から自分を責める人は
ほとんど見ない。

069.

自然の人情

人がこの世の中で生きていけるのは、
人として自然の人情によくしたがうからである。
人としての素直さがなく、
自然の人情を失っていても生きていられる者は、
たまたまのまぐれで難を逃れているだけなのである。

070.

天が見ている

私の行動はすべて天が見ている。
もし私が本当によくないことをすれば、
天が私を見捨てるだろう。
きっと見捨てるだろう。

071.

仁は近くにある

最高の人格といわれる仁は、
人から遠いところにあるのだろうか。
いや、そうではあるまい。
今、自分が仁でありたいと思えば、
そこに仁があるのだ。

072.

人生観

粗末な食事をし、水を飲み、
腕を曲げて枕代《まくら》わりとするような貧しい生活であっても、
正しい道を歩み、学びつづけていれば、
その中から自然と楽しみが出てくるものだ。
悪いことをして人に迷惑をかけ、
お金持ちになったり高い地位に就いたとしても、
私から見ると流れる浮雲のように、はかない。

073.

徳を好む人、色を好む人

私は、いまだに色を好む（異性への関心）ほどに、徳を好む者を見たことがない。

074.

考えるべき順番

正しい生き方をしている人にまだ仕えられないのに、
神や霊に仕えるなど考えるものではない。
まだ生きていることの意味もよくわからないのに
死(後)の意味など考えられない。
そういうことにはあまり熱心になるものではない。

075.

政治とは

政治とは、食糧を十分にし（経済生活の安定）、
軍備を十分にし（軍事）、
国民に信を持たせること（信義、道徳の教育）である。
三つのうちから、どうしても捨てよと言われると軍備である。
残る二つのうちから一つを捨てよと言われると、食糧である。
昔からだれにも死はある。
しかし国民に信がなくなると、
生きていても安心して立つことすらできず、
死んだほうがましだ。

076.

言葉

名が正しくなければ（実質が名に合わなければ）、
物事が混乱し、何事もうまくできなくなる。
君子（めざしたい人物）たる者は、
ものに名がある以上は、
それを必ず実行できるようにしなければならない。
君子は自分の言葉については、
決していいかげんであってはならない。

077.

言忠信《げんちゅうしん》、行篤敬《ぎょうとくけい》

自分の思っているようになるにはどうしたらよいのか。
言葉が忠実で信用がおかれ、
行いがまじめて丁寧であれば、
どんな野蛮な国に行っても自分の思い通りになっていく。

078.

九つの思慮

君子（めざしたい人物）には、九つの思慮すべきことがある。
すなわち、物を見るときはしっかり見ようと思い、
聞くときは正しくはっきり聞こうと思い、
顔つきはおだやかであろうと思い、
容ぼうや身ぶりは慎み深く上品であろうと思い、
言葉は誠実であろうと思い、
仕事には注意深くまちがえないようにと思い、
疑問が出たときは人に問おうと思い、
腹がたったら後の難儀を思い、
利益を目の前にしたらそれが正当なものかを思うのである。

5

THE ANALECTS OF CONFUCIUS

困難に立ち向かう心をつくる

080.

忠恕《ちゅうじょ》

忠恕（誠実とまごころ）一つで貫く人生を歩みたいものだ。

081.

義と利

君子（めざしたい人物）は、
正しい道がよくわかり、
小人（つまらない小人物）は、
自分の利になることがよくわかる。

082.

人を見て自分を正す

自分より優れた人を見たならば、
その人のようになろうと思い、
つまらない人を見たならば
自分も同じようではないかと反省するようにすべきだ。

083.

軽々しい言葉を恥じる

昔の立派な人が、軽々しく言葉を口にしなかったのは、実践がそれにともなわないことを恥じたからである。

084.

節約する人

節約して生きている人は、
人生で失敗すること自体少ない。

085.

蛮勇《ばんゆう》は危険

勇気、男気があるのはうれしいことだが、
思慮、分別に欠けて危険なことがある。
道理にはかって考え、原因結果の関係を十分に考慮し、
その上での勇気、男気であってほしいものだ。

086.

わが道

やるべきわが道がわかったならば、
すぐに動いて、その道にしたがおう。
目の前の利益よりも将来の人のため世の中のためだ。

087.

正直者か、気づかい者か

ある人が酢をもらいに来たときに、酢は家になかった。
酢はないと言わずに、
となりからもらってきてこれを差し出した。
このことを正直者と言うものがあるが、
少なくとも正直者ではあるまい。

088.

孔子の志

年寄りには安心させたい。
友だちは信じたい。
若者にはなつかれたい。

089.

生まれ

生まれ、育ちに関係なく、能力のある者、よく学ぶ者を、山川の（天地自然の）神々が見捨てやしない。

090.

病

どんな立派な人も、将来のある人も病にかかり、
命を落とすこともある。
これも運命であろうか。
ただ、どんな運命であろうが、
死を迎えるまで、人として学びつづける立派な人でありたい。
後に残った者がこの人のことを忘れるものか。

091.

どんな境遇でも楽しんで学ぶ

たとえ一椀の飯に一椀の汁で、
狭く汚い路地裏に住もうと、
自分の学問、修養の道を楽しんで生きる。
こういう者はめったにいるものではないが、
大した人物だと思う。

092.

知者と仁者

知者は、人としてやるべきことをやり、神や霊を敬うが、これを利用したり、深入りしたりしない。

仁者は、困難なことから先に取り組み、利益や報酬のことは後のこととする。

093.

知者と仁者2

知者と仁者を水と山にたとえると、
知者は水を楽しみ、仁者は山を楽しむ。
知者が水のように動き、仁者は山のように静かである。
知者は人生の楽しみ方を知り、
仁者は長寿の保ち方を知っている（仁者は自然体でどっしりと構え、ストレスも、敵もなく長生きする）。

094.

戒め

徳の修養ができなくなっているのではないか、
学問が進んでいないのではないか、
正しい道理がわかっても実践できていないのではないか、
善くないことと気がついても改められないのではないか、
これらが私の心配事、自分への戒めである。

095.

病気のとき

病気のとき、
迷信を信じて特別の祈りをしようというものがいる。
天や地の神々にふだんから祈っていればよいことだ。
それよりも、自らが正しく行い、
徳を修めて実践しておけば
天はよきように見守ってくれるはずだ。

096.

すべては自分の問題

人の学問、修養は、たとえば山を築くようなものである。
あと一杯の土でできあがるというのに
止めてしまってできなくても、
それは自分のせいでできないのだ。
また、学問、修養は、地を平らにし、ならすようなものだ。
一杯の土を平らにしただけでも進んだのは自分の力だ。
すべては自分の問題なのだ。

097.

困難なとき人の真価が問われる

季節が寒くなって初めて
松や栢《かや》が散らないで残るのがわかるように、
人も困難なことに会って、　初めてその人の真価がわかる。

098.

見た目も大事である

外面的な文（学問や礼）も、
内面的な質（忠信、まごころ）も別のものではない。
外面と実質は一体であると言うべきで、
虎や豹の毛の皮を取り去ったなめし皮は、
犬や羊の毛を取り去ったなめし皮と同じようなもので
区別がつかないのと同じである。

099.

徳のある者の言葉は必ずよい

徳のある人の言葉は必ずよい。
しかし、言葉でよいことを言う人が必ず徳のある人ではない。
仁者（最高の人格者）は、必ず勇気がある。
しかし、勇気がある人が必ずしも仁者とは限らない。

100.

貧しい暮らしの人が注意すること

貧乏な暮らしをしていると人をうらむようになる。
これに比べ、お金持ちになっても
おごり高ぶらないことはまだ実践しやすい。

101.

困窮したとき

君子(めざしたい人物)でも、困って窮することがあるのか。
君子であっても、もちろん困って窮することはある。
しかし、小人(つまらない小人物)は、
困って窮すると取り乱すが、君子は取り乱すことはない。

102.

先まで見通す

人は遠い先のことまで見通し、
考えておかないと、必ず近いところでつまづくことになる。

103.

名を知られること

君子（めざしたい人物）は、
死ぬまでの間に、何事かで世に役立つことをしたと
その名が知られるようでなければならない。

104.

道楽

有益な道楽が三つ、損害をこうむる道楽が三つある。
礼にかなった社交と音楽を節度をもって楽しみ、
他人の善行や美点を人と話し、
その成長を楽しみ、
賢い友人が多くできていくことを楽しむことは
有益な道楽である。
お金や地位にたのんだ、ぜいたくな遊びを楽しみ、
怠けてただブラブラと遊んでいるだけの楽しみ、
飽くことなしに酒や色におぼれる楽しみは
損害をこうむる楽しみである。

6

THE ANALECTS OF CONFUCIUS

心を込めて仕事をする

105.

まずは仕事をきちんとやる

若い時は、
まず仕事が一人前にできるようにならなければいけない。
こうして生活を安定させ、
社会の仕組みと人づき合いをよく学び、
徳のある師に学ぶようにしたい。
以上ができて自立することができるほどになれば、
あとは自分の好きなことに手を出して人生を楽しめばよい。

106.

まず行動

君子（めざしたい人物）は、まず行動する人である。
言葉は後からでいい。

107.

新人社員の心得

先輩たちにたくさん聞いて、
疑わしいと思うところはやめ、
確かなことだけ言うようにすると批難されることなどない。
同じように広くたくさん見てまわり、
あやふやなことはやめ、
確実なところを実行すれば後悔することは少なくなる。
以上のようにすれば、
まずは、ビジネスパーソンとして必ず成功できるだろう。

108.

信用

信用がない者は使いようがない。
人は信用があって初めて何事もできるようになる。
信用は、車と牛や馬をつなぐものと同じで、
これがないと車も引きようがない。

109.

わかっていても確認する

たとえ、ものごとをだれよりもわかっていると思っていても、
謙虚に先輩に一つひとつ丁寧にたずねることも大切だ。
これも礼の一つといえよう。

110.

権力者に媚びるな

できてしまったことは言ってもしかたない。
済んでしまったことはいさめてもしかたない。
過ぎてしまったことは咎めまい。
しかし、権力者に媚びて
正しいことを曲げて言うなど最低のことだ。

111.

二度考える

よく考える人というのは二度考える人のことである。
三度考えると考えすぎである。

112.

義を通す

いくら権力者に目をかけられ、高い地位、報酬で誘われても、
権力者に義がないと見ればこれを断る。
これも一つの立派な生き方、義を通す生き方ではないか。

113.

謙譲の人

自分の功績を自慢せず、謙譲の人は、好ましいものだ。

114.

仕事は楽しむのが一番

知るというだけでは、
これを好きであることに及ばない。
好きであるということは、
これを楽しむということに及ばない。

115.

辞めたら口を出さない

すでに辞めたりして、
現在、その地位にいなければ、
その地位にともなう仕事に口を出してはいけない。

116.

利益を追うこと

利益は追ってよい。
が、各人の使命に応じ、
世の中に役立つ仕事の結果のものでなければいけない。
利益は仁の心、
すなわち正しい道にしたがって得なければならない。

117.

多能

たまたま私は、若いころ社会の下積みにあって
貧乏な生活をしていた。
だからどんなことでもやってきたので多能なのだ。
君子(めざしたい人物)は、
多能でなくてはならないのだろうか。
そうではないだろう。

118.

憂《うれ》えず懼《おそ》れず

君子（めざすべき人物）は、
心配もしなく、恐れもしない。
心の中を省みて、自分にやましくない人にして
はじめて心配することもないし、
恐れることもないのだ。

119.

小さな利益に惑わされない

急いで成果を出そうと思ってはいけない。
急いで成果を出そうとすると、
かえって本来の目的は達せられない。
目の前の小さな利益に惑わされてはいけない。
目の前の小さな利益に惑わされると大事は成し遂げられない。

120.

君子はいばらない

君子（めざしたい人物）は、
ゆったりと落ち着いていて人にいばることはない。
小人（つまらない人物）は、すぐいばり、
ゆっくりと落ち着くことはない。

121.

責任を自らに問う

君子（めざしたい人物）は、
すべてのことについて自分の責任を問うが、
小人（つまらない人物）は、すべての責任を他人に求める。

122.

小さな仕事、大きな仕事

君子（めざしたい人物）は、
小さな仕事を任せてもうまくやれないことがあるが、
大切な大きな仕事は任せられる。
小人（つまらない小人物）は、
大きな仕事は任せられないが、
小さい細かな仕事は任せられる。

123.

大徳と小徳

大きくて重要な徳を踏み外さなければ、
小さくて末節な徳の見落としなどは、さしつかえない。

7

THE ANALECTS OF CONFUCIUS

人の心がわかる人になる

124.

リーダー

リーダーは、だれよりも徳がなければならない。

125.

人の師になる者の資格

温故知新《おんこちしん》、つまり古いことをよく学び、
そこから今に役立つ、新しいものを引き出せるようであれば
人の師となれるだろう。

126.

よいリーダーを置く

まっすぐで誠実な人をリーダーとして登用すれば、
皆心服してしたがう。
しかし、曲がったよこしまな人間をリーダーとして登用すると
誰も心服などせず、したがわなくなる。

127.

トップ自ら実践せよ

社員やスタッフがトップを尊敬し、
一生懸命頑張るためには、
トップ自身が言葉と行動を正しく行わなければならない。
そして社員やスタッフを愛し、幸せを願うとともに、
能力にすぐれかつ徳のある人間をリーダーとしておけば、
一所懸命に働くようになるだろう。

128.

上下の一体感

上の者は下の者に礼をもって大切に接し、
下の者は誠心誠意のまごころで仕える。
そうすれば、うまくいく。

129.

まず自分の力をつける

自分に地位がないことを心配するのでなく、
地位につく実力をつけることを心配せよ。
自分を認めてくれる人がいないことを心配するのでなく、
認められるだけのことをしようと心がけなくてはならない。

130.

報酬にこだわりすぎない

できる者の中には、やたらと報酬にこだわり、多くをもらおうとする者もいる。

上に立つ君子(めざすべき人物)は、富める者には多くを与える必要はないと考える(仕事に必要な分だけでよい)。

ただし、貧しくて困っているが仕事をよくする者には多めに与えるようにする。

十分収入があるのに、まず報酬にこだわる人間は好ましくない。

131.

人材を使えるか

人にはそれぞれの能力がある。
問題は、上に立つ者が、
それらを適材適所に使うことができるかだ。

132.

よき部下

部下を持つなら、たとえば次のような人間がいい。
小さな近道を通っていこうとせず（楽な道、小賢しくうまくすり抜けようとする道を通らず）、
大道を歩き（正しいと思う道をまっすぐ通り）、
上司である自分に取り入ろうと、必要でもないのに訪れ、ごきげんなど取らず、
仕事で必要なときにきちんと訪ねてくる者だ。

133.

相手のレベルに応じた教え

中級まで学んだ者には、
さらに上級のことを語り、教えてよい。
まだ中級にまで至らない者には、
上級の高尚なことは語り、教えないほうがよい。

134.

持てるものは全部出す

私は持てるものは全部出して教え、
隠すこと、出し惜しみなどしない。
常に全力で教える。

135.

ケチは最低

もし尊敬すべき周公旦《※しゅうこうたん》のようなすごい才能があったとしても、
傲慢そしてケチであったなら、
その才能も帳消しとなり、見るに堪えない者である。

※周公旦——中国周王朝の優れた政治家。

136.

すべて出し切る

私は物知りだろうか。いや物知りではないだろう。
ただ、たとえつまらない男でも、
真心を表し教えを受けにきたら、
私は自分のすみずみまでたたき尽くして、
知っているかぎりのことを残すことなく教えるまでなのだ。
こうして出し切ると、
自分の次への学び、教え方につながっていくのだと思う。

137.

正しい忠告に対しては本当に改める

道理に合った正しい忠告には、よくしたがわなければならない。
「わかりました」というだけでなく
本当に改めるのが貴いのである。
おだやかで優しい言葉で言われると、だれでもうれしい。
しかし、このおだやかで優しい言葉の中味を
よくくみ取ることが貴いのである。
うれしがっているだけで、言葉の中味をくみ取らず、
行いを改めようとしない者は、
私としてもそれをどうしようもできないのである。

138.

知者は惑わず

知者は惑わない。
仁者は心配しない。
勇者は恐れない。

139.

人情がわかる人

孔子の厩《うまや》が火事で焼け落ちた。
朝廷を退出して家に帰ってきた孔子はたずねた。
人にケガはなかったか。
そして馬のことは尋ねなかった。

140.

明（明察）

水がじわじわとしみ込んでくるような悪口や、
逆に、肌身に受けるような痛切な訴えにも惑わされずにいて、
そういうことが行われないようにさせれば明と言える。
そしてこれができる者は、
遠くのことまで見通せる聡明な人と言えるだろう。

141.

君子の徳は風

人の上に立つ君子（めざしたい人物）の徳は風のようなものだ。
下にいる者の徳は草のようなものだ。
草は風に吹かれれば、必ずそれに応えるものだ。

142.

自らの行い（リーダーの心得）

自らの行いが正しければ、
命令しなくても自然に人はその方針にしたがうものである。
しかし、自分自身の行いが、正しくなければ、
命令しても人はついてこない。

143.

君子のもとでは働きやすい

君子（めざしたい人物）のもとでは働きやすいが、
喜ばせるのは難しい。
道理にしたがったことでないと喜ばないからである。
そして人を使うときはその人に合った仕事をやらせるから
働きやすいのである。
小人（つまらない人物）のもとでは働きにくいが
喜ばせるのはやさしい。
自分の利になれば
道理にしたがったものではなくても喜ぶからである。
そして人を使うときは見境なしに言いつけるから
働きにくいのである。

8

THE ANALECTS OF CONFUCIUS

人に学ぶ心を持つ

144.

ためになる友人、害をこうむる友人

自分のためになる友人に三種類あり、
損害をこうむる友人に三種類ある。
素直で正直な人、
誠実な人、
物知りな人は、自分のためになる。
素直さ正直さのない人、
すぐに媚びへつらう人、
口先だけの達者な人は損害をこうむる。

145.

口がうまい人は心がない

口がうまい人そして相手に取り入ろうと
うまく顔の表情をつくれる人に、
仁（思いやりの心）の人はない。

146.

人とのつき合い方

君子（めざしたい人物）は、悠然としている。
そして、日ごろから学んでいて、柔軟な考え方ができる。
だれとでも友だちになるのではなく、
自分の人生に合う向上心のある人を選んでつき合う。
自分が誤っているのがわかると、
ちゅうちょすることなく改め、人づき合いを大切にする。

147.

人物鑑定法

その人間の行動をよく見る。
そしてその行動の動機、原因を見る。
さらにその行動した結果に対してどういう態度をとるかを見る。
こうすればその人物はどういうものかすぐわかる。
隠そうと思っても隠せるものではない。

148.

よく人を見抜く

人を見抜くのは実に難しい。
つき合ってよい人を選んでつき合い、
つき合っては悪い人とはつき合わないことができれば、
それは仁者（最高の人格者）といえるほどだ。

149.

仁をいつも忘れない

お金と地位はだれでも欲しいものである。

しかし徳を磨いていく中でこれを手にしたものでなければ定着するものでない。貧乏と低い身分はだれでも嫌うものである。

だが徳を磨いていてそうなったのはしかたない。

君子(めざしたい人物)というのは、
どんなことがあろうと仁の道を忘れない。

すると必ず道は開けてくるだろう。

150.

注意の仕方

トップや上司に意見を申し立てるのにしつこすぎると腹を立てられ、罪や責任をかぶせられることがある。

同僚にしつこくアドバイスしすぎると嫌われることがある。

151.

人とのつき合い方

よく人とつき合う人は、
相手のよいところを見てうまくつき合う。
だから長くつき合っても尊敬し合える。

152.

恥

相手を取り込むために、
口がうまくて、つくり笑いし、度のすぎるくらい腰を低くする。
このような人間は恥である。
心の中では、うらみ嫌っているのに、
これを友とするような人間は恥である。

153.

師はどこにでもいる

三人でいっしょに動けば、
必ずそこに自分の師を見つけることができる。
善い行いがあればそれを見習い、悪い行いを見つけたら
自分に同じところがないか反省し改めるようにできるからだ。

154.

のびのび

君子（めざしたい人物）は、
心が平穏で様子ものびのびしている。
小人（つまらない小人物）は、いつもくよくよし、
びくついている。

155.

畏友

自分より後に生まれた若い人たちは、
意欲と精力そして可能性があり、畏敬すべきものである。
この人たちが今の自分にどうして及ばないと言えるだろうか。
しかし、四十歳、五十歳になっても大した成果が出せずに、
できる人とまわりから名が立たないようでは、
もう期待できるものではない。

156.

共に学んだとしても

志ある者と共に学んだとしても
同じ道をいっしょに進めるとは限らない。
同じ道を共に進んでも途中で変わることもあり、
共にしっかりと立っていると限らない。
共にしっかりと立っていても、
共に事態に応じた適切な行動ができるとはかぎらない。

157.

過ぎたるはなお及ばざるがごとし

行き過ぎる人と行き足りない人とどちらが上かというと「過ぎたるはなお及ばざるがごとし」で、行き過ぎと行き足りないのとでは上下の差はない。

158.

意見だけではわからない

意見、議論が立派だからというだけで、
その人を信用するとなると、
本物の君子（めざしたい人物）なのか、
見せかけだけにすぎない者か区別がつかないものだ。

159.

己の欲せざる所

自分にしてほしくないことは、
他人にしないようにしなければならない。

160.

人の美点を認める

君子（めざしたい人物）は、
人の美点を認め、そしてその成功を願い協力する。
小人（つまらない小人物）は、これと反対で、
他人の欠点ばかりを見て、その成功を妨げようとする。

161.

友とのつき合い方

相手のためにまごころをつくして、
その過ちを教えてよい方向に導いてあげたい。
しかし、相手が聞かないときは、
あきらめて見守るようにすべきだ。
あまりしつこくやると、かえってうらまれたりして、
自分の恥辱を招くことになりかねないからだ。

162.

仁を輔《たす》く

君子（めざしたい人物）は、
文すなわち学問を学ぶことで友と出会い、
その友たちとの交流、交際によって
仁の道を共に高め合っていくのである。

163.

本音を語るとき

共に語り合うべき友人とつき合いながら、
本音などを語らないと、信用されていないと思われ、
よい人でも逃げられることがある。
共に語ってはいけない信用のおけない人に、
本心など語ると、失言の問題を起こすことがある。
知者は人を選んで話すから、よい人に逃げられないし、
失言の問題を起こすこともない。

164.

誇り

君子（めざしたい人物）は、
自分に誇りを持って生きるが、
他人とむやみに争ったりしない。
人と親しくつき合うが、
群れて派閥をつくるようなことはしない。

165.

道がちがうと話が通じない

めざしている道、価値観がちがうと、
お互い話が通じることもなく、
いっしょに事をなそうにもできるものではない。

9

THE ANALECTS OF CONFUCIUS

心を込めて人と接する

166.

親思いの人が信用される

君子（めざしたい人物）というのは、
人としての根本、基本を大切にする人だ。
というのも根本、基本ができて初めて、
何事も本物となるからだ。
人として最高の徳である仁（思いやりの心）は、
親思いの人にして、初めてできることだ。
親を大切にする人でないと、人に信用されないこととなる。

167.

礼

親の代から教わった礼儀は大切に守らなければならない。
礼は人間関係をスムーズにするための人間の知恵だからだ。
「おはよう」という言葉がなければ、
どのようにして、自分の好意を伝えられるか、
そのたびに考えなくてはならなくなることからも、
わかるだろう。

168.

健康が第一

親孝行の第一は、健康であることだ。
親は何よりも子どもの体のことを心配するからだ。

169.

心を込めて親と接する

親孝行は、食べさせ養えばよいというのではない。
人間が動物とちがうのは敬う心があるからだ。
心を込めて敬い接するようにしなければならない。

170.

表情にも気をつかう

親孝行をするときは、
その敬う心を雰囲気や表情にも
出るようにしなければならない。

171.

父母に心配をかけない

父母の存命中は、子どものことが心配で気がかりなのだから、用事がないのに遠くへ出かけないようにしたいものだ。そして出かける時は必ず行き先を告げて行くようにしたい。

172.

父母の歳と誕生日

父母の歳と誕生日は覚えておかなければならない。
一つにはその長寿を喜び、
もう一つには老い先を気づかい孝行するためである。

173.

くつろぐ

家でくつろぐときは、のびのびと、顔もにこにこと、楽しくいるべきじゃないか。

174.

皆、兄弟

人が生まれたり、死んだりすることは、天命である。
また、富や地位、権力も天からの授かりものである。
君子（めざしたい人物）が自分を慎んで、
そして落度がないように努力し、人と交わるのにも丁寧にして、
礼を守っていれば、世界中の人はみな兄弟といえるのである。
君子は、兄弟が実際なくても嘆くことはない。

175.

正直者とは何か

子どもが、その父親が羊を盗んだのを、
証言したことを正直者というが、私はそう思わない。
父は子のために隠し、子は父のために隠す。
それが正直ではないか。
つまり、人情の自然というものではないか。

176.

どこでも通用する人

家でくつろいでいるときでも慎み深くし、
仕事をするときには、それに打ち込んで、真面目に行い、
人とつき合うときは誠意をもってつくすようにする。
そうすれば、どこにいっても困らない人材となるだろう。

177.

士の条件

士は、友人に対しては切々と心を込めて励まし合ってつき合い、兄弟の間ではにこやかに仲良くつき合う。

178.

わが子に苦労させよ

本当に愛するのなら、　わが子にも苦労させなければならない。
本当にその人のことを思うなら、　その人がまちがっていたら、
まごころをもって教え導くようにしなければならない。

179.

ブラブラ人間

ただ腹いっぱい食べることだけして、
一日中、何も頭を使わずにいるブラブラ人間は、
どうしようもない。
賭け事などをして遊ぶということがあるが、
これのほうが何もしないよりもましだ。

10

THE ANALECTS OF CONFUCIUS

徳のある心をつくる

180.

広くつき合う

君子（めざしたい人物）は、
人物を求めて広くつき合い群れるようなことはしない。
小人（どうしようもない人物）は、
一定の者たちと群れて広くつき合わない。

181.

礼の本質

礼は質素であるほうがよい。
たとえば葬儀について言えば派手にして
世間体をかざるのではなく、
心からいたみ悲しむということが礼の本質だ。

182.

人と争わない

君子（めざしたい人物）は、人と争ったりしない。
もし争うとしてもゲームとしての弓を射る競技くらいのものだ。
この場などでも勝者は敗者に酒をおごるというように
親しんで楽しまなければならない。

183.

過ちでその人がわかる

人の過ちというのは、それぞれの人物に応じ現れるものだ。
その過ちを見るとその人の仁のほどがよく見える。

184.

恨みを買わないようにする

自分の利益だけを考えて行動している者は、
人から恨みを買うことも多いことに注意しなければならない。

185.

徳のある人は孤立しない

徳のある人は決して孤立しない。
必ずその人の徳を慕ってまわりに人が集まってくる。

186.

弁は立たなくてよい

人は、しばしば、実力を備えたうえで弁の立つ人を高く評価しがちである。
しかし、弁が立つというのは、人に憎まれる危険もある。
仁の徳をめざすのに弁が立つことなどを求めることは必要ないというべきだ。

187.

仁者は知者よりもさらに上

仁は最高の人格を備えることである。
相手への、その時、その時の最高の思いやりが出せる人だが、
そのためには、物事をよく学んでいる知者を
さらに先へ進める人だ。
つまり学問を最高レベルに修めている人でもある。

188.

大まかの意味

よい大まかさとは、自分自身の心の中は慎み深くありながら、人に接するときは、大まかでコセコセしない。自分自身で大まかであるために、人に対しても大まかである者はよくない。

189.

仁者はだまされない

仁者は、たとえば人が井戸に落ちているとウソを言われ、かつがれても、井戸の中に落とされるような軽率なことはしない。

たとえ道理のあることを言われてかつがれても、道理のない以上最後まで騙し通すことはできない。

190.

恒《こう》心《しん》の人

聖人は今の世では見ることはできない。
めざしたい人物である君子を見ることができれば
それで結構である。
善人は今の世ではなかなか見ることができない。
正しい心でいつも変わらない恒心の人を見ることができれば、
それで結構である。
無いのにあるように見せたり、
からっぽなのに満ちているように見せて虚勢をはり、
貧しいのに豊かであるように見栄をはったりする。
心がいつも変わらないでいられるということは難しいことである。

191.

ぜいたくと倹約

お金があってぜいたくすぎる人は傲慢になりがちで、
倹約しすぎな人は頑固になりがちである。
どちらもよくないが、
傲慢よりは頑固のほうがまだましだろう（人に対する影響が少ない）。

192.

礼がないと危険

うやうやしいことはいいが、
礼にかなったものでないと無駄なことになりやすい。
慎み深いのはいいが、礼にかなっていないと臆病に見える。
勇気があるのはいいが、そこに礼がないと乱暴なだけとなる。
正直一筋であるのはいいが、
礼がないと人に冷酷になることもある。

193.

何ともしようがない人

熱狂的になる性格であるのに正直でない者、
無知で子どもっぽいのに生真面目でない者、
無能であるのに信義誠実さがない者、
これらは何ともしようがない。

194.

四絶

人の陥りやすい次の四つのものを絶つようにせよ。
自分勝手な推測をしない。
人に無理強いをしない。
物事に固執しない。
我ばかりを通さない。

195.

最後までわからない

苗にまでなったが、穂を出さない者がいる。
穂を出したまでにはなったが、実らない者もいる。
人は最後までわからない。

196.

見ざる、聞かざる、言わざる

内に向かっては自分に打ち克ち、
外に向かっては礼の精神に立ち返って実践していくこと（いわゆる克己復礼《こっきふくれい》）を仁という。
その細目は、礼にはずれたことを見ない、
礼にはずれたことを聞かない、
礼にはずれたことを言わない、
礼にはずれたことをしない、である。

197.

達人、有名人

達人は、質実で正義を愛し、人の言葉をよく聞き分け、人の顔色を見てその奥まで見通し、しかも思慮深くて、謙虚な態度でへり下る。

こういう人であれば、国に用いられれば必ず達人として活躍し、家にいても達人として生活できるのである。

名前だけが知られた有名人は、外見は仁者のように装っても、実際の行動はまったくちがっていて、そのくせそれが当然のことと疑いもしないのだ。

198.

群れない

君子（めざしたい人物）たる者は、
人とよく協力するが群れることはない。
小人（つまらない小人物）は、
すぐ群れるがここぞというときに協力しない。

199.

よい人とは

すべての人が、よい人というのはよくない人である。
その土地のよい人たちがよい人だと言い、
悪い人が悪いという人間が、本物のよい人である。

200.

うらみに報いるもの

ある人が「うらみに報いるのを徳でもってしたらどうでしょうか。高尚のことのように思えますが」とたずねた。

しかし、私は、そうは思わない。

では徳には何で報いるのか。

やはり、うらみには公平無私の正しさで報いて、徳には徳で報いるようにすべきだ。

201.

女子と小人はつき合いがたし

教養、品性のない女性と小人（つまらない人物）は扱いにくい。
近づけて可愛がると図に乗るし、
無視して遠ざけるとうらまれてしまう。

202.

天命、礼、言葉

天命を知らなければ、君子（めざしたい人物）といえない。
礼を知らなければ世の中を一人前に歩いていけない。
言葉を知らなければ人間を理解することはできない。

阿部《あべ》 正一郎《しょういちろう》

人類共通の財産そして知恵の源泉である古典を現代に生かし、
役立てるための研究をつづけている。
特に、いわゆる超訳を中心とした翻訳の仕事に力を入れる。
著書(訳書)に、『超訳論語と算盤』(総合法令出版)がある。

自分に負けない心をつくる超訳論語202

2013年9月4日 初版発行

著　者　　阿部 正一郎

発行者　　野村 直克
ブックデザイン　　土屋 和泉
装丁写真　　dm909/Getty Images
発行所　　総合法令出版株式会社
〒107-0052
東京都港区赤坂1-9-15　日本自転車会館2号館7階
電話　03-3584-9821(代)
振替　00140-0-69059

印刷・製本　　中央精版印刷株式会社

ISBN978-4-86280-373-3
落丁・乱丁本はお取替えいたします。
総合法令出版ホームページ　http://www.horei.com/

阿部正一郎の好評既刊

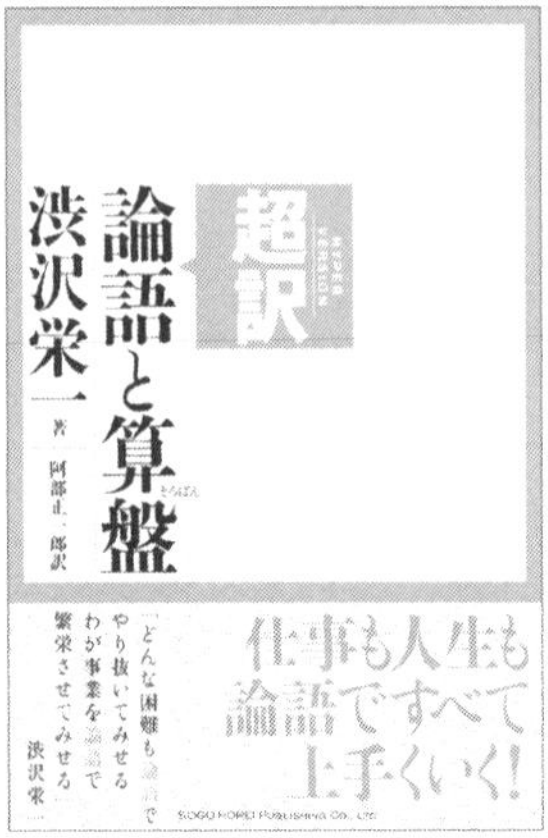

超訳 論語と算盤

渋沢 栄一／著　阿部 正一郎／訳
定価1260円（税込）

日本近代経済の父とも呼ばれる渋沢栄一が遺した伝説の名著『論語と算盤』を、現代人向けに徹底超訳。

可能な限り、現代に則した言葉を用い、渋沢が伝えたかったであろうエッセンスをコンパクトにまとめることに成功した。近年出版されている現代語訳でもなかなか読みづらいと感じている人、古典に苦手意識を持っている若手ビジネスマンなどにお勧めである。

好評既刊

世界の名言100

遠越 段／著　定価1570円（税込）

人生を生き抜く上で力となる、珠玉の名言100！　エルバート・ハバード、ベンジャミン・フランクリン、ジュリアス・シーザー、ドラッカーといった世界の偉人達を始めとして、出光佐三といった、近年評価を見直されている人たち、または、落合博満といった現在活躍している人などの珠玉の名言を厳選収集。人生を生き抜いていく上での大いなる力となる座右の名言集である。